Henryk Silesius
Rufe aus der Nacht

Henryk Silesius

RUFE AUS DER NACHT

Gedichte
eines Zwanzigjährigen
in russischer
Kriegsgefangenschaft

Titelbild: Porträt des 20-jährigen Autors als Kriegsgefangener im Hafenlager Noworossijsk, gezeichnet von einem Kameraden.

Henryk Silesius
Rufe aus der Nacht
1. Auflage 2006
Satz: Extrapost - Verlag für Heimatliteratur
Postf. 1219 • 39252 Zerbst • Tel./Fax 03923-61477
www.extrapost.de.vu • extrapost_zerbst@gmx.de

Herstellung und Verlag:
Books on Demand GmbH, Norderstedt
ISBN 3-8334-6133-0

In Jesu Namen.
        Amen.

Meiner lieben Braut
zum Weihnachtsfest 1954

Zur Entstehungsgeschichte des Buches

Zur Entstehung dieses Buches wurde in der Silvesternacht 1949/50 der Grundstock gelegt. Mir gelang damals, die winzig klein geschriebenen Tagebuchaufzeichnungen und Gedichte aus meinen Gefangenschaftsjahren durch die russische Grenzkontrolle in Brest zu bringen.

So konnte ich gleich nach meiner Heimkehr im Frühjahr 1950 einen handgeschriebenen Entwurf für mein Buch anfertigen. Doch dann mußte ich meine volle Konzentration auf das bald beginnende Studium richten. Auch der nachfolgende Berufsbeginn und die gleichzeitig erfolgende Familiengründung gaben mir nicht die Gelegenheit, die Arbeiten an meinem Buch fortzusetzen.

Es gelang mir jedoch später während eines dreiwöchigen Urlaubs im August 1960 eine handschriftliche erste Fassung herzustellen. Dies geschah als Gast der evangelischen Ordensgemeinschaft „Casteller Ring" auf Schloß Schwanberg in Unterfranken. Die Damen der dortigen Verwaltung schrieben mir auch eine erste Schreibmaschinenfassung.

Infolge der damaligen politischen Verhältnisse hielt ich es jedoch nicht für ratsam, mein Manuskript über die Grenze in die DDR mitzunehmen. So gab ich auf der Rückreise alles Niedergeschriebene meinem Schwager in Hannover zur Aufbewahrung. Dort hat das Werk fast 30 Jahre lang bis zum Zusammenbruch des SED-Regimes in Mitteldeutschland geruht. Dann erst konnte ich mich in sporadischen Arbeitsperioden an die Endfassung meines Gefangenschaftsbuches „Die Umkehr" begeben, das nach der Wende im Jahr 2004 beim Verlag Books on Demand, Norderstedt, erschienen ist, und das nun mit der folgenden Auswahl meiner Gedichte aus der Kriegsgefangenschaft von 1945 bis 1950 seine Fortsetzung findet.

Meiner Erstfassung auf Schloß Schwanberg im August 1960 hatte ich eine W i d m u n g vorangestellt, die ihre Gültigkeit behalten hat und weiterhin behalten wird. Sie lautet:

„Wenn ich nun zehn Jahre nach meiner Heimkehr 1950 aus den Erinnerungen meiner Kriegsgefangenschaft einiges niedergeschrieben habe, so geschieht es nicht, um altem Haß neuen Auftrieb zu geben. Es soll das leidvoll Erlebte vergangener Jahre im Gegenteil uns allen zur Mahnung und Warnung geschrieben sein.

Gewidmet seien diese Zeilen allen, die in den Jahren des Krieges und der Gefangenschaft menschlich am anderen Menschen gehandelt haben, sowie jenen, die bereit sind, dasselbe auch in kommenden Zeiten zu tun.“

Henryk Silesius

HEIMATGEDENKEN

Dominsel in Breslau

Heimweh

Kann einer, der daheim geborgen
empfinden, was das Heimweh ist?
Wenn es am Herzen nagt und frißt
und schwer der Kopf von vielen Sorgen.

Kann einer, der im Frieden lebt
ein' Deut nur ahnen, was es heißt,
wenn man noch jung und früh verwaist
durch ferne fremde Lande strebt?

Wenn man des Nachts zum Sternenzelt
empor in dunkle Höhen blickt
und heimwärts die Gedanken schickt
in eine längst entschwund'ne Welt.

Das kann ein Fremder nicht ermessen,
vielleicht ist er noch jetzt gerührt.
Doch weiter ihn der Alltag führt
und meine Zeilen sind vergessen.

Erinnerung an Breslau

Wie denk' ich oft an jene Stadt,
die meine Kindheit hat gesehn,
die ich als Bub' betrachtet hab',
am Sonntag beim Spazierengehn.

Wie denk' ich oft an ihre Straßen
mit ihren Häusern, Dächern, Türmen.
Ich seh' mich froh und ausgelassen
durch alte, enge Gassen stürmen.

Hör' noch den Klang der Kirchenglocken,
der durch die Abendstille hallte,
hör' noch das laute, frohe Locken,
wenn alles hin zur Kirche wallte.

Ich spüre noch den stillen Frieden,
der unsre Stadt einstmals umfloß,
den später niemals ich hienieden
so rein und groß und schön genoß.

Nun bin ich hier in Rußlands Weiten
gar meilenweit von dir entfernt.
Doch habe ich zu allen Zeiten
an dich zu denken nicht verlernt.

Und hat die schwere Zeit ein Ende,
so schwöre ich mir's jeden Tag,
daß ich die Schritte wieder wende
zurück zu dir, du Heimatstadt!

Samstagabend

Das Tagewerk geht nun zu Ende,
und langsam ich die Schritte wende
dem hohen, grünen Hügel zu,
der draußen liegt in stiller Ruh'.

Am Rand der Stadt erhebt er sich.
Viel Bäume jung und grün und frisch
erstarken da auf seinem Rücken,
und weit hinein ins Land sie blicken.

Zu diesem Hügel geht mein Lauf.
Ich wandre stillvergnügt hinauf
und bleibe sinnend oben stehn,
um mich ein bißchen umzusehn.

Da liegt die Stadt zu meinen Füßen.
Von weit her Kirchen, Türme grüßen,
und in der Abendsonne winken
die Dächer zu mir her und blinken.

Ich wende mich und schau' zurück:
Da öffnet sich vor meinem Blick
der blauen Berge schönes Bild,
die fern sich türmen hoch und wild.

Und wie ein Wächter vor dem Tor
der Zobten trutzig steht davor.
Sein stolzes Haupt hebt er hinein
weit in den Abenddämmerschein.

Dann senkt die Sonne sich zur Ruh'
und tiefe Schatten decken zu
die Berge und das flache Land,
die Heimatstadt am Oderstrand.

An der Oder

Wie möcht' ich jetzt so gerne sitzen
daheim bei mir am Oderstrand
und meine Ohren lauschend spitzen,
dem Wellenspiele zugewandt.

Die Bäume wollt' ich rauschen hören,
die dicht bis an das Ufer stehn
und ihre Wipfel, all die schweren,
im Strom sich widerspiegeln sehn.

Die Fischlein in den kühlen Fluten,
die spielend tauchen bis zum Grund,
die hurtig sich und munter sputen,
könnt' schauen ich zur selben Stund'.

Und dann müßten die Glocken klingen,
die Glocken aus der nahen Stadt,
die leise bis ans Ohr mir bringen,
den Heimatgruß, innig und zart.

Bergheimat

Wundersam traute, lieblich geschaute,
        einsame Bergheimat du,
wo ich gefunden so manche Stunden
        abends in sinnender Ruh'.

Tiefdunkle Wälder, grünende Felder,
        herrliche Städte und Dörfer ihr,
die ich schon weit, seit sehr langer Zeit
        geschlossen ins bange Herze mir.

Mächtige Berge im Reich der Zwerge,
        sprudelnde Quellen und Bächlein mein.
Täler, ihr blauen, könnt' ich euch schauen,
        dürfte ich bald wieder bei euch sein!

Heimatsehnsucht

Wenn ich die weißen Wolken sehe,
die sich am blauen Himmel ballen,
die auf- und ineinanderwallen,
da wird mir um das Herz so wehe.

Hör' morgens ich die Vögel singen,
in ihren hellen Jubeltönen,
da faßt mich ungeahntes Sehnen,
da will mir fast die Brust zerspringen.

Des Mittags unter Bäumerauschen,
träum' ich von längst vergang'nen Zeiten.
Ein Klingen, wie aus fernen Weiten,
läßt meine Seele heimlich lauschen.

Und dann am Abend, wenn die Sonne
im Feuerglühen senkt sich nieder,
empfinde ich noch immer wieder
wie einstmals Ruh' und stille Wonne.

Dann blicke ich in jene Ferne,
die sich im Abenddämmer wiegt,
in der weit meine Heimat liegt
und über mir erglüh'n die Sterne.

KRASNODAR–PASCHKOWSKAJA

Hungerhospital in Paschkowskaja

Vor Krasnodar

Vom Schwarzmeer kamen wir gerollt
und hätten weiter noch gewollt,
doch bald die Fahrt beendet war.
Auf blitzend-langem Schienenstrang
fuhr'n wir die Küste dann entlang
und stehen nun vor Krasnodar.

Die Stadt im hellen Sonnenschein
liegt breit vor uns, blickt freundlich drein
und ist von Bäumen reich umsäumt.
Auch Parks und Gärten sind zu sehn,
die mitten in dem Stadtbild stehn,
mit vielen Winkeln still verträumt.

Weit in die Ferne zieht das Band
des Kubanflusses durch das Land,
das silbern uns entgegenblinkt.
Und weiter noch, fast kaum zu sehn,
der Kaukasus mit seinen Höh'n
so lieblich hier herüberwinkt.

Ja, schön ist dieses flache Land
hier an dem breiten Kubanstrand.
Es lockt zum Wandern allzumal.
Doch besser wär' es jetzt daheim
im trauten Kreis der Lieben mein
im Schlesierland, im Odertal.

Frühlingsmorgen

Ich liege hier im Krankenzimmer.
Des Morgens erster, schwacher Schimmer
dringt sacht hinein in diesen Raum.
Ich bin erwacht von meinem Traum,
geh' sacht ans Fenster und der Blick
gleitet hinaus ein gutes Stück

und weiter noch bis an den Himmel,
an dem ein lustiges Gewimmel
von rosaroten Wölkchen zieht.
Da! Zaghaft stimmt ihr erstes Lied
hoch im Gezweig die Vogelschar
und schräg empor steigt wunderbar

der feuerrote Sonnenball.
Er weckt mit seinem ersten Strahl
die fest noch schlummernde Natur.
Die klein' und große Kreatur
beginnt sich emsig gleich zu regen,
all überall sprießt neues Leben,

nur ich, der Kranke, muß verweilen
im stillen Raum und darf nicht eilen
in diese frische Morgenluft.
Ach könnt ich doch den Blumenduft
und all das frische frohe Sprießen
bald wieder selbst daheim genießen.

Im Abenddämmer

Wir haben uns hier eingefunden,
um ein paar kurze Abendstunden
im Dämmerlichte zu verbringen,
bei trautem Heimatliedersingen.

Gar viele sind noch schwach und krank.
Doch weitet unser leiser Sang
der Männer schwer betrübtes Herz.
Gedanken eilen heimatwärts.

Da klingt das „Heidenröslein" auf.
„Im Wiesengrunde" folgt darauf,
zum Ausklang singen wir dann sacht
das „Guten Abend, gute Nacht".

Jetzt schließt das Fenster einer zu.
Still wird's im Raum. In tiefer Ruh'
liegt bald der kranken Schläfer Schar.
Da steigt das Mondlicht wunderbar.

Das Heimatlied

Das Heimatlied – ein Quell der Kraft,
der uns in schweren, trüben Stunden
viel Frohsinn und Erquickung schafft
und uns so oft läßt neu gesunden.

Das Heimatlied – ein Born der Freude.
Es tröstet uns in Leid und Schmerz.
Und wie schon immer, so auch heute,
macht froh es unser krankes Herz.

Das Heimatlied soll uns erklingen,
auch in den Zeiten schwerer Not;
es soll uns wieder Hoffnung bringen
auf strahlend-neues Morgenrot.

Du Heimatlied begleit' uns immer,
durchdring' uns ganz mit deinem Klang.
Trübsal erleben laß uns nimmer,
wenn wir uns finden zum Gesang!

Frühlingsabend

Es ist so still in diesem Raum.
Der Schläfer Atmen hört man kaum.
Nur ich bin halt noch immer wach,
find' keine Ruh' und sinne nach
der Jugendzeit, die nun verflossen,
die glücklich ich daheim genossen.

Von draußen weht die Abendluft
zu mir herein Akazienduft,
der honigsüß ins Zimmer schwebt
und die Erinn'rung neu belebt
an mein verlor'nes Heimatland,
in dem auch die Akazie stand.

Als kleiner Bub, den Honigseim
der duft'gen Blüten schlürft' ich ein.
Tat es den ems'gen Bienen nach,
die unentwegt im Blätterdach
des grünen Balsamspenders brummten
und ruhelos ihr Liedchen summten.

Doch jetzt wird mein Gedankengang
gestört. Von ferne dringt Gesang
lautschallend an mein lauschend Ohr,
und bald darauf zieht dort ein Chor
von übermüt'gem Volk vorbei
mit lautem Singsang und Geschrei.

Der Lärm bewirkt, daß in mein Herz
einschneidend dringt ein weher Schmerz.
Heiß wird das Heimweh in mir wach.
Ich möchte den Gedanken nach
gern über viele, viele Meilen
ins Land der Kindheit schnell enteilen.

Heiteres Erlebnis

Die Nacht ist um. Es naht der Tag
und ich nun nicht mehr schlafen mag.
Zwar sind in unserem Gemach
die kranken Schläfer noch nicht wach,
doch steh ich trotzdem früh schon auf.

Auf Zehenspitzen schleich ich leise
nach alter Indianerweise,
vermeide Bettgestell und Decken,
um niemand aus dem Schlaf zu wecken.
Zum Fenster nehm' ich meinen Lauf.

Ich seh vor mir die grüne Flur,
die grad' erwachende Natur,
die graue Straßenkreuzung dort.
Es mündet hier an diesem Ort
der breite Weg aus Krasnodar.

Da plötzlich kommt von ungefähr
ein seltsames Gefährt daher.
Das plumpe Tier, das vorgespannt,
zockelt den Wagen durch das Land,
ist ein leibhaft'ges Dromedar.

Jetzt hat's die Kreuzung schon erreicht
und will nun weiter, wie mir deucht,
doch nein, es setzt die plumpen Glieder
gemächlich auf die Straße nieder
        und rührt sich weiter nicht vom Fleck.

Der Herr des Wagens, zornentbrannt,
nimmt einen Stecken schnell zur Hand,
züchtigt das faule, träge Tier
Doch dieses blickt zur Seite stier
        und rührt sich nicht und geht nicht weg.

So sitzt es eine halbe Stund',
begafft von Mann, Weib, Kind und Hund,
schaut blinzelnd in die Morgensonne
und räkelt sich in lauter Wonne.
        Was soll man mit dem Tier beginnen?

Verzweifelt steht sein Herr daneben.
Er hat die Mühe aufgegeben.
Doch schaut, was wird man jetzt gewahr?
Es hebt sich hoch das Dromedar
        und zockelt stillvergnügt von hinnen.

Begegnung mit Marusja

Es war an einem Wintertag.
Kniehoch der Schnee da draußen lag.
Da kamst in unser Zimmer du
und fingest emsig gleich im Nu
      dich flink und hurtig an zu regen.

Du putztest hier und wischtest dort
den Staub von Tür und Fenster fort.
Und gleich darauf begannst du fleißig,
geräuschlos mit dem Besenreisig
      das Krankenzimmer auszufegen.

Doch als das Werk du dann vollbracht
und alles blitzeblank gemacht,
nahmst Besen, Lappen du sodann
und fingst nochmal von vorne an.
      Was soll das wunderliche Tun?

War's Absicht oder unverhofft?
Du kamst in meine Nähe oft
und ließest deiner Augen Strahl
verstohlen gar so manches mal
          auf mir und meinem Bette ruh'n.

Da fühlt ich, was dich zu mir zog,
was dich wohl immerzu bewog,
dir neue Arbeit auszusinnen,
von vorn noch einmal zu beginnen,
          um länger noch im Raum zu weilen.

Auch ich konnt' auf die Länge nie
verleugnen meine Sympathie.
Ich nickte dir verstohlen zu.
Da plötzlich, lachend tatest du
          zur Tür hinaus geschwind enteilen.

NOWOROSSIJSK

Hafengelände von Noworossijsk

Ankunft im Hafen

Lastende Stille und sternhelle Nacht,
unser Schiff gleitet leise
und wiegt sich ganz sacht
        hinein in den Hafen.

Schweigende Männer stehen an Bord,
schauen ins Wasser und weiter noch fort
        bis in die Berge.

Später am Ufer ein Lichterglanz,
flimmert und schimmert, verlischt dann ganz
        im steigenden Morgen.

Die Sonne besiegt schon die Nebelwand
und Männer zu Tausenden gehen an Land,
        gehen ans Ufer.

Erblicken die Stadt, fast alles Ruinen,
häßlich und grau von der Sonne beschienen,
        steht sie nun da.

Sie seh'n fremde Menschen in ihrer Art
und spür'n die Erkenntnis bitter und hart:
Jetzt sind wir in Rußland!

Im Frühling

Hier gibt es keinen Frühling im Häusermeer
der Stadt,
die ihr zernarbtes Aussehn noch nicht
verändert hat.

Der Krieg ist längst zu Ende. Die Schüsse
sind verhallt.
Doch schaut ihr Antlitz immer noch
traurig drein und kalt.

Und schweift der Blick nach oben, den hohen
Bergen zu,
so findest auch da droben
kein grünes Fleckchen du.

Daheim blüh'n jetzt die Bäume in voller
Frühlingspracht
und warm vom hohen Himmel die Sonne
niederlacht.

Und alle meine Träume führen des Nachts
so mild
weit über Land und Räume zu mir
der Heimat Bild.

Im Sommer

Du graue Stadt am Schwarzen Meer
wie blickst du uns so tot und leer
            von ferne schon entgegen.
Ich wollte wohl, der Winter käm'
und würde über dich bequem
            ein weißes Schneetuch legen.

Doch Sommer ist's. Vom Firmament
die Sonne drückend niederbrennt
            in glühendheißen Strahlen.
Und um die Stadt im Hintergrund
steigen phantastisch wild und bunt
            die Berge an, die kahlen.

Da zieht ein langes, staub'ges Heer
von Männern durch die Stadt am Meer,
            und sie sind kriegsgefangen.
Sie wissen nicht, ob sie noch mal,
nach aller ausgestand'nen Qual,
            nach Deutschland heim gelangen.

Im Winter

Nun ist es Winter hier geworden
und eisig pfeift der Wind von Norden
über die schneebedeckten Hänge.
Er fährt mit polterndem Gedröhne
und lautem, schaurigen Gestöhne
      durch trümmervoller Straßen Enge.

In dieses wilde Sturmgebraus
zieh'n die Kolonnen stumm hinaus
in schwerer Arbeit hier zu fronen.
Sie dürfen nicht in dieser Zeit,
wo strenger Frost ist weit und breit,
      sich vor der grimm'gen Kälte schonen.

Am Abend kehr'n sie müde heim,
um sich bei trübem Lampenschein
endlich zur Ruhe zu begeben.
Da trifft sie neues Ungemach,
denn durch das halbgeflickte Dach
          fällt unablässig Schnee und Regen.

Gedrückt empfangen sie ihr Essen,
meist ohne Brot und unterdessen
grübeln sie noch in schweren Sorgen:
Wann nimmt die Leidenszeit ein Ende?
Wann kommt für uns die große Wende?
          Welch Schicksal wartet unser morgen?

Zum dritten Advent

Wenn nicht mein fester Glaube wäre,
mein Gottvertrau'n in allen Dingen,
erdrücken würde mich die Schwere,
vor Schmerz müßte mein Herz zerspringen!

Es ist nun schon das dritte Jahr,
daß ich nicht mehr die Heimat seh'.
Und da die Zeit der Weihnacht nah,
durchdringt die Brust ein tiefes Weh.

Ihr Lieben, die ihr heut daheim
am Abend euch zusammensetzt,
denkt ihr beim warmen Kerzenschein
an den, dess' Aug' die Träne netzt?

Ich weiß es wohl, ihr denkt an mich
und deutlich steht dies Bild vor mir:
Ich seh' euch alle um den Tisch,
und in der Stille betet ihr.

Und auch in meiner Einsamkeit
steigt mein Gebet zu Gott empor.
ich weiß: ER tilgt die Schmerzenszeit.
ER öffnet mir der Freiheit Tor.

Zur Weihnacht

Nun ist die Zeit der Weihnacht da,
von der ich mir so heiß erhofft,
daß sie daheim mich sieht dies' Jahr.
Doch wieder einmal, wie so oft,
ist jetzt mein Herzenswunsch zerronnen.

In meiner Heimat deckt der Schnee
die Wälder und die Felder weit.
In Stadt und Land, auf Fluß und See
hat jetzt die schöne Winterszeit,
die Zeit der Weihenacht begonnen.

Doch hier an diesem fernen Ort
da weht der Sturmwind von den Höh'n,
und Regenschauer immerfort
zu jeder Stunde niedergehn
ins trübe, aufgewühlte Meer.

Hier grünet uns kein Tannenbaum,
kein heimatliches Bild sich zeigt
und nur aus der Erinn'rung Traum
vor meinem Auge langsam steigt
die nun verfloss'ne Kindheit her.

Im Hafen

Wie ruhig liegt der Hafen da,
ein friedlich ausgeglichen Bild.
Wenn man bedenkt: Vor kurzem war
hier Sturmzeit noch, bewegt und wild.

Der Wellenberge lange Kette
brach schäumend sich am Ufer schwer,
und mit dem Sturmwind um die Wette
so rollten sie vom Meer daher.

Die Schiffe, die im Hafen lagen,
wild schwankten sie im Wellengang
und hoch in ihren Takelagen
sein schaurig Lied der Sturmwind sang.

Und von den Höh'n die Wolken zogen,
die Hänge wehten sie herab,
verschmolzen mit den Meereswogen
und fanden da ein feuchtes Grab.

Doch heute lacht in klarer Bläue
der Himmel auf Gebirg und Meer.
Nur ich empfinde keine Freude,
mein Herz ist sorgenvoll und schwer.

Ich denke an die fernen Lieben,
die weit in meiner Heimat sind.
Die Zeilen, die ich euch geschrieben,
hat fortgeweht der rauhe Wind.

Im Felsengebirge

Es ist so um die Mittagszeit,
kein Lüftchen regt sich weit und breit.
Über der Stadt am Schwarzen Meer
lastet die Hitze, drückend schwer.

Die Sonne prallt in voller Glut
und von der blauen Wasserflut
kein kühles Lüftchen sich erhebt,
das zu uns her Erfrischung trägt.

Matt sitzen wir an diesem Ort.
Die Kehle ist uns ausgedorrt.
Vom Felsenstein strahlt Hitze wider,
macht schlaffer noch die müden Glieder.

Schwer wird die Hacke uns wie Blei.
Die Arbeit in der Wüstenei
des Felsgebirgs wird uns zur Qual.
Wie schön war's früher, dazumal!

In Sehnsucht schweift der Blick hinaus
aufs blaue Meer; denn von da drauß'
ein Schifflein plötzlich furcht die Flut.
Der Anblick gibt uns neuen Mut.
Wie stolz dem Hafen zu es strebt;
im Wellengang sein Leib sich hebt
und leuchtet schimmernd zu uns 'rüber,
wie einer Möwe weiß' Gefieder.

Ach, nähm' das Schifflein uns an Bord
und trüg' uns alle mit sich fort,
hinweg von diesem toten Strand
ins ferne deutsche Heimatland.

Sonntagmorgen

Sonntagmorgen – Totenstille lastet
über diesem Strand.
Schwere Sorgen mich erfüllen, Sehnsucht
nach dem Heimatland.

Hör' das Klingen froher Glocken
aus der längst vergangnen Zeit,
die jetzt bis ans Herz mir dringen hier
in dieser Einsamkeit.

Und es tragen meine Träume mich
auf sanften Schwingen fort
zu den Tagen meiner Kindheit
an den trauten Heimatort.

Morgenstille – Keine Glocken
läuten hier den Sonntag ein.
Es erfüllen nur Sirenen stille Luft
mit lautem Schrei'n.

Wann wird wieder mir ertönen
froh der Heimatglocken Chor,
werden Lieder jubelnd, jauchzend
klingen an mein lauschend Ohr?

Wann wird die Sonne wieder scheinen?

Noch hängt der Himmel grau und schwer
und finstre Wolken ringsumher
mit dunklen Bergen sich vereinen.
Wann wird die Wolkenwand vertrieben?
Wann wird des Lichtes Schimmer siegen?
Wann wird die Sonne wieder scheinen?

Auch meine Seele, leer und trüb,
sie findet weder Trost noch Lieb'
im fremden Land, fern von den Meinen
Wird mir einmal das Glück beschieden,
nach Haus zu kehr'n in Ruh und Frieden?
Wird mir die Sonne nochmal scheinen?

Dann will beim ersten Wiedersehn
ich eng umschlungen bei euch steh'n,
will Freudentränen mit euch weinen.
Dann hab' ich wieder Fried' und Ruh'
und Freud' und Liebe und dazu
soll uns die Sonne wieder scheinen!

Ausmarsch zur Arbeit

Hinter den Bergen von Noworossijsk
    färbt blutrot den Himmel die Sonne.
Da ordnet am Lagertore sich
    zum Ausmarsch die Arbeitskolonne.

In langen Reihen stehen sie da,
    hager, doch aufrecht und grade.
Das sind die Männer, die man einst sah,
    kraftstrotzend bei großer Parade.

Das sind die Männer, vor denen einst
    die halbe Erde gezittert,
und deren Marschtritt fest und hart
    die Kontinente erschüttert.

Das sind die Männer, die früher daheim
    im traulichen Kreis ihrer Lieben
ein glückliches, ruhiges Leben geführt
    in Frohsinn, Arbeit und Frieden.

Nun sieht man sie hier, die Wangen so schmal
        gehüllt in zerschlissene Kleider,
das dritte Jahr hinter Stacheldraht schon.
        Und wie lange geht das noch weiter?
Da schreibt man soviel in Zeitschrift und Buch
        von Freiheit, Fortschritt und Frieden.
Doch diese Segnungen sind ja bloß
        einem Kreis Auserwählter beschieden!

Wollte man's wirklich ehrlich und wahr
        mit diesen Losungen meinen,
dann müßte für uns hinter Noworossijsk
        die Freiheitssonne bald scheinen.

IM KAUKASUS

Krimskaja im Vorkaukasus

In Krimskaja am Flussesstrand
stehen wir zwei und sieben Sand.
Und diese Arbeit monoton
beschäftigt uns seit Wochen schon.

Die grauen Wolken trüb und schwer
zieh'n träge über uns daher.
Dicht überm Flußbett feucht und kalt
in breiten Schwaden Nebel wallt.

Wir sprechen leise miteinand',
erzählen uns vom Heimatland.
Dort ist heut Sonntag im Advent,
ein Feiertag, den jeder kennt.

Daheim strahlt heut im Lichterglanz
und bunt geschmückt der Adventskranz.
Und unter seinem milden Schein
finden sich unsre Lieben ein.

Sie singen traute Weihnachtslieder
und denken dabei immer wieder
an uns, die wir noch sind verbannt,
zu fronen hier im fremden Land.

Und in das Lied beim Kerzenschein
klingt auch ihr Herzenswunsch hinein:
„Herr, schenk' dem Kriegsgefang'nenheer
bald eine frohe Wiederkehr!"

Sommernacht im Kaukasus

Ich liege am Rande der Berge
    und schaue zum Himmel empor.
Die Sonne ist längst entschwunden
    und sacht dringt die Nacht hervor.

Es hüllen die Berge und Wälder
    sich langsam in heimliches Dunkel
und droben am samtblauen Himmel
    erstrahlt vieler Sterne Gefunkel.

Ein leises Lüftchen wehet
    vom Hang des Berges hernieder,
durchfächelt die Gräser und Bäume,
    erfrischt meine müden Glieder.

Die Abendstille durchtönet
    des Wildbaches fernes Tosen.
Der läßt sich in seinem Brausen
    so gerne vom Nachtwind kosen.

Und aus dem Dunkel des Waldes
        geistert urplötzlich ein Glimmern
Der Glühwürmchen schimmernde Kette
        beginnt aus der Tiefe zu flimmern.

Wie droben am Himmel die Sterne
        im glitzernden Glanze sich zeigen,
so seh' ich als Spiegelbild dessen,
        der Glühwürmchen tanzenden Reigen.

Ich schaue ins nächtliche Dunkel,
        gekrönt von der Sterne Pracht.
Dich will ich nimmer vergessen,
        du kaukasische Sommernacht.

Ihr Wolken

Ihr Wolken, die ihr heimwärts zieht,
nehmt mit euch dieses kleine Lied
und tragt es fort zu meinen Lieben,
die da zu Hause sind geblieben.

Sagt ihnen, daß ich an sie denke,
mich in Erinnerung versenke
und hoffe, daß bald doch einmal
vergangen sein wird diese Qual.

Noch bin ich in Gefangenschaft.
Doch eine Hoffnung gibt mir Kraft,
daß ich trotz allem schweren Leid
bestehen werde diese Zeit.

Ihr weißen Wolken, zieht dahin!
Alle Gedanken und mein Sinn
begleiten euch auf diesem Zug.
Grüßt Deutschland mir auf eurem Flug!

Der Kaukasus im Herbst

Ich hab den Kaukasus im Herbst genossen,
hab' staunend seine Höh'n gesehn.
Ich konnte oftmals unverdrossen
durch seine stillen Wälder gehn.

Durch Wälder, die sich weit und breit
mir zeigten froh in bunter Pracht,
die mir in ihrem Feuerkleid
tagtäglich schöner zugelacht.

Ich konnte da in manchen Stunden
an ihrer Schönheit mich erbau'n.
Hab' viele Bäume da gefunden,
gar hoch und mächtig anzuschau'n.

Doch fand ich nicht beim stillen Wandern
den Baum, dem meine Liebe gilt.
Vergebens sucht' ich bei den andern
der schlanken Tanne schönes Bild.

Der ganze Laubwald um die Wette
erprangte da im Herbstesglühn.
Doch fehlte mir auf der Palette
der stolzen Tanne dunkles Grün.

Das tat die Sehnsucht in mir wecken,
die Sehnsucht nach der Heimatflur,
wo man von diesen starken Recken
noch viele find't in der Natur.

Waldarbeit

Der Morgen ist so hell und klar,
die Luft geht rein und kalt.
Da schreitet unsre kleine Schar
hinauf bis in den Wald.

Noch will nicht weichen dort im Tal
die schattenreiche Nacht,
doch droben glänzt schon allzumal
der Wald in weißer Pracht.

Mit Rauhreif glitzernd weiß und fein
die Bäume sind bedeckt.
Nun hat der Morgensonnenschein
die Vögel aufgeweckt.

Sie sitzen schläfrig auf dem Ast,
jetzt kommen wir heran.
Da schwirr'n sie hoch in wilder Hast
und fliegen fort sodann.

Still wird es wieder in dem Wald.
Nur unsrer Schritte Klang
im gleichen Rhythmus widerhallt
den ganzen Weg entlang.
So kommen wir an unser Ziel.
Gar bald die Axt erklingt,
dazu der Säge singend Spiel
ins Mark der Bäume dringt.

So schaffen wir den ganzen Tag
bis sich die Sonne senkt
und heimwärts unsre kleine Schar
die müden Schritte lenkt.

MEINEN KAMERADEN

Kamerad Rudi

An meine Kameraden
(1946)

Ihr Glücklichen! Ihr kehrt jetzt heim,
habt euch durch schwere Zeit gerungen
und laßt mich hier so ganz allein,
mit einem Herzen schmerzdurchdrungen.

Wenn Rußlands Steppen ihr erblickt,
wenn ihr durchmessen viele Meilen,
dann denkt ein wenig nur zurück
an den, der hier noch muß verweilen.

Ich bitt' euch, wenn ihr endlich heim
nach Deutschland eure Schritte lenkt,
gebt Nachricht meinem Mütterlein,
daß noch der Junge an sie denkt.

Dem Kameraden Hans gewidmet

Du hast mir doch so manchesmal
von Deinem Töchterlein erzählt.
Die Worte klangen mir so froh,
Dein Antlitz strahlte glückbeseelt.

Und ich empfand ein wenig nach,
wie's einem Vaterherzen ist,
wenn er sein Kind, sein einzig Glück,
in seinen Armen herzt und küßt.

Du sprachst, daß Du ein kleines Lied
nur für Dein Kindchen komponiert
und hast uns dann mit weicher Stimm'
das kleine Liedchen vorgeführt.

Ich hör' es noch, obwohl doch schon
viel' Monate verflossen sind,
und immer noch klingt's in mir nach,
wenn weiter auch die Zeit verrinnt.

Doch denk' ich oft in mancher Stund':
„Wie schön wird's einmal sein,
wenn ich daheim begrüßen kann
Dich und Dein Töchterlein."

Dem Kameraden Willi gewidmet

Du tratest in mein Leben ein
so sanft und so bescheiden.
Du senktest in die Seele mein
so viele stille Freuden.

Du widmetest Dich unverwandt
mir, meinen kleinen Sorgen.
Und heute habe ich erkannt,
was ich durch Dich geworden.

Mehr als ein Lehrer warst Du mir,
wie Du mich hast geleitet
auf neuem Weg, der mir von Dir
ward sicher vorbereitet.

Du bist mir mehr noch als ein Freund.
Soll ich Dir's noch beweisen?
Es sei mein Herz mit dir vereint.
Ich will Dich Bruder heißen!

Dem Kameraden Günter gewidmet

Dich kenn' ich erst seit ein'ger Zeit,
doch Deines Wesens Lauterkeit
hat stets zu Dir mich hingezogen.

Ich fühlte früher wohl noch nie
zu andern solche Sympathie,
war andern nie wie Dir gewogen.

War wohl mit manchem jungen Freund
schon oft bei frohem Spiel vereint
und hab' mit ihm mich gut verstanden.

Weiß viele auch, die sich zu mir,
früher daheim und später hier,
in treuer Kameradschaft fanden.

Ich habe ernste, heit're Stunden
im trauten Freundeskreis gefunden,
sei's in der Schule, im Betrieb.

Doch von den allen, die ich sah,
war keiner mir wie Du so nah,
war keiner mir wie Du so lieb.

Dem Kameraden Rudi gewidmet

Du bist aus meinem Heimatland,
vom Schlesierland am Oderstrand,
     das unter fremder Herrschaft liegt.
Ist auch die Heimat nicht mehr frei,
wir woll'n nicht klagen, wie's auch sei.
     Das Schicksal hat es so gefügt.

Jetzt bist Du noch, wie ich, gefangen,
doch wirst Du wieder einst gelangen
     froh in Dein liebes Elternhaus,
aus dem der Krieg Dich grausam riß
in eine Zukunft ungewiß,
     in eine rauhe Welt hinaus.

Doch wenn Du trittst die Heimfahrt an,
durch Rußland, Polen fährst sodann
     und später heimwärts lenkst den Schritt,
dann denke meiner Bitte hier:
Siehst Du die Oder einst vor Dir,
     nimm meine heißen Grüße mit.

Meinen in Rußland verbliebenen Kameraden
(nach der Heimkehr 1950 verfaßt)

Ihr, die Ihr noch da drüben weilt
in Rußlands grauen Weiten,
zu denen oft mein Sehnen eilt
in Nacht- und Tageszeiten.

Ich denk an Euch zu mancher Stunde,
ganz plötzlich überfällt es mich.
Und irgend etwas gibt mir Kunde,
ein Gruß von Euch, der zu mir strich.

Wenn ich am Morgen meine Schritte
dem jungen Tag entgegenführe,
wenn ich dann in des Tages Mitte
den warmen Sonnenschein verspüre,

denk' ich an Euch, die Ihr noch immer
nichts von dem Glück der Freiheit wißt,
noch immer nicht den kleinsten Schimmer
des Heimatfriedens froh genießt.

Bin abends ich im frohen Kreise,
in dem man scherzt und lacht und singt,
in fröhlich-ungezwung'ner Weise
den lieben Tag zu Ende bringt,
dann steigt mir oft aus Euren Fernen
ein Bild, das mich so tief bedrückt:
Ich sehe, wie Ihr unter Sternen
voll Sehnsucht nach der Heimat blickt.

Da flieh' ich aus dem Kreis der Lieder
hinaus in dunkle Sternennacht.
Es drängt mich die Erinn'rung wieder
zu Euch, zu Euch mit aller Macht.

Und steh' im Dunkel ich alleine,
dann grüß' ich Euch, die Ihr so weit,
gelobe unterm Sternenscheine,
daß Ihr mir nie vergessen seid!

SOLI DEO GLORIA

Glaube – Liebe – Hoffnung

Zur Ehre Gottes

Wiesen, Felder, Alm und Flur,
dunkle Wälder voller Pracht;
herrlich-leuchtende Natur,
wer hat dich so schön gemacht?

Sanfte Hügel, steile Berge,
ragend auf zum Himmelszelt,
majästetisch-schöne Werke,
wer hat euch dahingestellt?

Muntre Bächlein, stille Seen,
du unendlich weites Meer,
wer ließ euch so groß erstehen,
wo ist euer Ursprung her?

All' ihr Wälder, Berge, Meere,
Bilder voll gewalt'ger Kraft,
gebt doch **ihm** allein die Ehre,
Gott dem **Herrn**, der euch gemacht.

Umkehr

Ich bin so lang gegangen
auf breiter, falscher Bahn.
Mein Herz war noch gefangen
in trüg'risch-eitlem Wahn.

Ich dacht', ich hätt' gefunden
ein Leben voller Glück,
hab' jeden Tag begonnen
mit selbstbewußtem Blick.

So wähnte ich zu finden
in Träumen nur mein Heil,
doch wurde mir die wahre
Erkenntnis nie zuteil,

daß auf der Erden nimmer
du find'st Glückseligkeit,
wenn nicht dem **Herrn** du immer
zu folgen bist bereit.

Doch bald ward ich umgeben
von tiefer Finsternis.
Das Traumbild meines Lebens
in Kriegesnot zerriß.
Beim Aufeinanderprallen
der Mächte in der Schlacht
spürt' ich: ich war gefallen
in tiefe, dunkle Nacht.

Den Weg hatt' ich verloren.
Stumm, einsam stand ich hier.
Bist du dazu geboren?
So schrie es laut in mir.

Und bitt'res Leid und Trübsal
aufs neue mich befiel.
Ich sah, ich war verlassen,
ganz ohne Weg und Ziel.

Doch nun hat seine Gnade
der **Herr** mir zugewandt.
Er hat zu meiner Rettung
zwei Engel mir gesandt.
Sie sind zu mir gekommen
mit hellem, lichten Schein,
haben mein Herz genommen,
nun darf ich fröhlich sein.

Sie haben mir verkündet
des Menschensohnes Wort,
das mich mit **ihm** verbindet,
von jetzt an immerfort.

Durch seine lichten Engel
hab' ich den **Herrn** gespürt,
der mich von nun an sicher
auf rechten Bahnen führt.

Dankgebet

Gott, ich danke Dir von Herzen,
daß Du mich aus tiefster Nacht,
aus Bedrängnis, Not und Schmerzen
neu zum Leben hast gebracht.

Herr, ich fühlte mich verloren,
denn ich hatte schwer gefehlt
gegen Dich; doch neugeboren
hast Du mich, Dein Kind, erwählt.

Nur, um meinen Sinn zu prüfen,
ob er treu Dir auch in Not,
hast Du mich nochmals durch Tiefen
durchgeführt, Du großer Gott.

Wieder kamen schwere Tage
und ich betete zu Dir:
„Herr, nimm von mir diese Plage,
schenke Deine Gnade mir!“

Nun hast Du mir diesen Glauben
ach so wundersam belohnt.
Keine Macht der Welt kann rauben
ihn, der nun im Herzen wohnt.

Aufs neue geboren

Aufs neue geboren!
Gott hat mich erkoren,
ihm Streiter und treuer Gefolgsmann zu sein.
In nächtlicher Stunde
zu ewigem Bunde
reicht' ich ihm die Hände.
Nun bin ich ganz sein.

Nun bin ich den schlechten
und finsteren Mächten
für immer entrissen und strebe zu Gott.
Und mag's noch so stürmen.
Er wird mich beschirmen.
Er wird mich beschützen vor Sünde und Tod.

Über meinen Konfirmationsspruch

*Kämpfe den guten Kampf des Glaubens; ergreife das
ewige Leben, dazu du auch berufen bist. 1. Tim. 6,12*

O Heiland, laß mich dein Schildknappe sein!
Dir will ich folgen auf allen Wegen.
Dir will mein Herz und Leben ich weih'n.
Gib Kraft mir zum Kampf und deinen Segen.

Dann laß mich den guten Glaubenskampf
führ'n.
Für Gottes Wahrheit, da will ich streiten.
All' deine Feinde soll'n sich verlier'n,
und deine Gnade wird mich begleiten.

So will ich mutig dein Wort verkünden,
nimmer ermüden, was immer auch droht.
Die kleinmüt'gen Zweifel sollen verschwinden
vor deiner Größe, wahrheitsumloht.

Und hab' ich auf Erden mein Werk vollbracht,
hab' dir meinen Leib, meine Seele gegeben,
dann führ' mich empor aus der dunklen Nacht,
damit ich ergreife das ewige Leben.

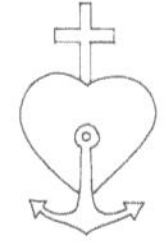

Auf rechtem Wege

Befand ich mich lange
in Angst und Bange
umschnürt war mein Herze mit eisernen
Spangen.
In törichten Träumen
tat ich versäumen,
den Frieden, mein Glück und mein Heil zu
erlangen.

Doch nun sei's besungen:
mit Macht sind zersprungen
die Ketten, die einstmals mein Herze
umschnürt.
Ihn hab' ich gefunden,
der die Welt überwunden,
zu **ihm** hab' ich jetzt meine Schritte geführt.

So will ich denn eilen
und nimmer verweilen
auf meiner Wandrung ins himmlische Land,
will hurtig ich ziehn
und streben zu **ihm**,
zu **Christus**, den Gott uns zur Rettung gesandt.

ANHANG

An meine Mutter — Juni 1946

1.) Nun bin ich hier im fremden Land
Das Heimweh hat sich tief gebrannt
Wohl in mein junges Herz hinein,
Ach, Mutter wann werd ich bei Dir sein.

2.) Des Nachts denk' manchmal ich so still,
Wenn ich nun könnte wie ich will,
So möchte ich ein Sternlein sein,
Dann säh' ich Dich beim Lampenschein.

3.) Im Stübchen mein, beim Lampenlicht
Säh' ich vor mir Dein lieb Gesicht,
Wie Du an meinem Bette wachst
Und an mich denkst die ganze Nacht.

4.) Und dann sollst Du ans Fenster treten
Und Deine Worte und Dein Beten
Soll dringen durch die ganze Welt
Zu mir hinauf zum Himmelszelt.

5.) Dann will ich leise zu Dir sagen,
Der Wind wird's auf die Erde tragen,
Wenn's Weihnacht wird im Feld und Hain,
Dann, Mutter, dann will ich bei Dir sein.

Heinz Liebke

Breslau
Herderstr. 15

Original-Gedicht, geschrieben in der Gefangenschaft
auf Zigarettenpapier.

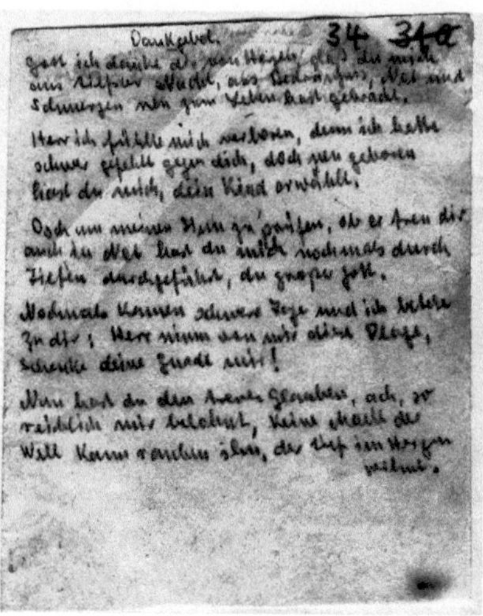

Seiten aus dem Tagebuch des Autors, das er in sowjetischer Gefangenschaft auf Zigarettenpapier geschrieben und 2004 beim Verlag Books on Demand unter dem Titel „Die Umkehr" veröffentlicht hat. Originalgröße.

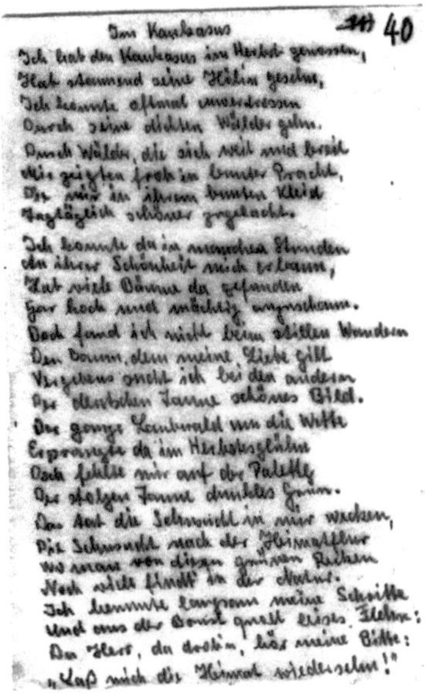

40

Im Kaukasus

Ich hab den Kaukasus im Herbst genossen,
Hab staunend seine Höhen gesehn,
Ich konnte oftmals unverdrossen
Durch seine dichten Wälder gehn.
Durch Wälder, die sich weit und breit
Mir zeigten froh in bunter Pracht,
Die mir in ihrem bunten Kleid
Tagtäglich schöner zugelacht.

Ich konnte da in manchen Stunden
An ihrer Schönheit mich erbaun,
Hab viele Bäume da gefunden
Gar hoch und mächtig anzuschaun.
Doch fand ich nicht beim stillen Wandern
Den Baum, dem meine Liebe gilt
Vergebens sucht ich bei den andern
Der deutschen Tanne schönes Bild.
Den ganzen Laubwald um die Wette
Besprengte da im Herbstesglühen
Doch fehlte mir auf der Palette
Der stolzen Tanne dunkles Grün.
Das tat die Sehnsucht in mir wecken,
Die Sehnsucht nach der Heimatflur
Wo man von diesen grünen Recken
Noch viele findet in der Natur.
Ich hemmte langsam meine Schritte
Und aus der Brust quoll leises Flehn:
Du Herr, da droben, hör meine Bitte:
„Laß mich die Heimat wiedersehn!"

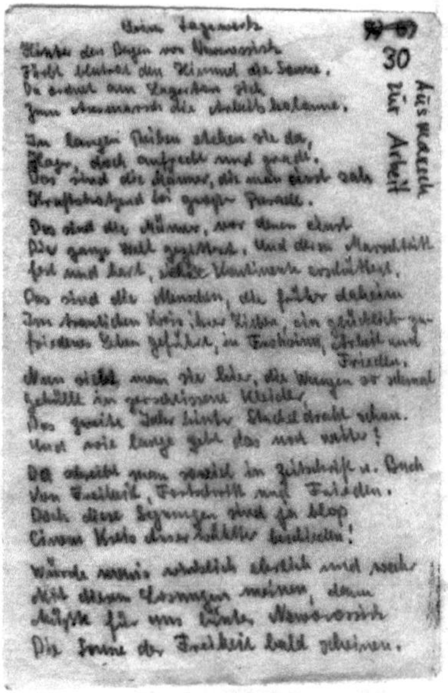

30

Beim Tagewerk

Hinter den Bergen von Noworossisk
Früh leuchtet am Himmel die Sonne.
Da steht am Lagertor sich
Zum Ausmarsch die Arbeitskolonne.

In langen Reihen stehen sie da,
Hager, doch aufrecht und gerade.
Das sind die Männer, die man einst sah
Kraftstrotzend bei großer Parade.

Das sind die Männer, vor denen einst
Die ganze Welt gezittert, und deren Marschtritt
fest und hart, ganze Kontinente erschüttert.
Das sind die Menschen, die früher daheim
Im traulichen Kreis ihrer Lieben, ein glücklich-zufriedenes Leben geführt, in Eintracht, Arbeit und Frieden.
Nun sieht man sie hier, die Wangen so schmal
Gehüllt in zerschlissene Kleider,
Das zweite Jahr hinter Stacheldraht schon.
Und wie lange geht das noch weiter!

Oft schreibt man jetzt in Zeitschrift u. Buch
Von Freiheit, Fortschritt und Frieden.
Doch diese Losungen sind ja bloß
Einem Teile der Völker beschieden!

Würde man's ehrlich aufrecht und recht
Mit diesen Losungen meinen, dann
Müßte für uns hinter Noworossisk
Die Sonne der Freiheit bald scheinen.

Diese Zeichnung für seine Eltern fertigte der Autor im Hospital Paschkowskaja.

Inhaltsverzeichnis

Henryk Silesius

Die Umkehr

Ein Tagebuch, heimlich ge-
schrieben in fünf Jahren so-
wjetischer Gefangenschaft auf
Zigarettenpapier: Ein siebzehn-
jähriger Junge aus Breslau
(Schlesien) wird in den letzten Kriegswochen in
eine Einheit der Waffen-SS rekrutiert. Der heute
in Zerbst, Sachsen-Anhalt, lebende Autor schil-
dert die Ausbildung und die aussichtslose Flucht
vor den sowjetischen Truppen. In der Gefangen-
schaft erfährt er, dass seine Heimatstadt jetzt in
Polen liegt. Ein Leidensweg vom Hitlerjungen
zum bekennenden Christen und Pfarrer.

116 Seiten, 9,50 Euro; Verlag Books on Demand
ISBN 3-8334-1940-7

Rudi Peine
Mein unvergessener Lebensweg

Als Martha von Wulffen, Herrin des Schlosses Wendgräben bei Loburg in Sachsen-Anhalt, den 16-jährigen Post-Lehrling Rudi Peine aus Hohenziatz eines Abends zu sich bestellt und ihm per notarieller Urkunde ihr im Schloss-park gelegenes Jagdhaus vererbt, ist der junge Mann völlig durcheinander. Freilich ahnt er nicht, dass er dieses Erbe nie antreten wird; denn Jahre später zerreißt ein sowjetischer Offizier die Urkunde.

Rudi möchte lieber Förster statt Briefträger werden, doch ohne Abitur ist das nur über die Wehrmacht möglich. So fälscht der Lehrling die Unterschrift seiner Mutter und wird in den letzten Kriegswochen noch eingezogen. Im April 1945 wird seine Einheit bei der Verteidigung der Reichs-kanzlei in Berlin eingesetzt. Rudi Peine kann durch unterir-dische Gänge vor den sowjetischen Truppen fliehen, wie kurze Zeit später auch aus der Kriegsgefangenschaft. Nach der Ankunft im Heimatort Hohenziatz bezichtigt ihn ein Denunziant der Sabotage. Das ehemalige KZ Buchenwald und ein Straflager in Sibirien sind in den nächsten Jahren Rudi Peines leidvolle Stationen. Der Autor, Friseurmeister im Ruhestand, lebt heute in Möckern.

128 Seiten, 8,50 Euro
Verlag Books on Demand, Norderstedt
ISBN 3-8334-5519-5